VIOLETINHAS NA JANELA
COPYRIGHT BY © PETIT EDITORA E DISTRIBUIDORA LTDA., 2016
1-10-16-15.000
DIREÇÃO EDITORIAL: FLÁVIO MACHADO
COORDENADORA EDITORIAL: ISABEL FERRAZOLI
PRODUTOR GRÁFICO: VITOR ALCALDE L. MACHADO
CAPA: LUIZ HU RIVAS
ILUSTRAÇÃO E PROJETO GRÁFICO: LUIZ HU RIVAS
ADAPTAÇÃO DE TEXTO: LUIZ HU RIVAS
REVISÃO: ISABEL FERRAZOLI
IMPRESSÃO: CORPRINT GRÁFICA E EDITORA LTDA.

FICHA CATALOGRÁFICA ELABORADA POR
LUCILENE BERNARDES LONGO – CRB-8/2082

PATRÍCIA (ESPÍRITO)
    VIOLETINHAS NA JANELA / ESPÍRITO PATRÍCIA ; MÉDIUM VERA LÚCIA MARINZECK DE CARVALHO ; ILUSTRADOR LUIS HU. – SÃO PAULO : PETIT, 2016.
    96 P. : IL.

    ISBN 978-85-7253-314-0
    NOTA: VIOLETAS NA JANELA EM QUADRINHOS

    1. ESPIRITISMO   2. HISTÓRIA EM QUADRINHOS I. CARVALHO, VERA LÚCIA MARINZECK DE.   II. HU, LUIS.   III.TÍTULO.   IV. TÍTULO: VIOLETAS NA JANELA EM QUADRINHOS

CDD: 133.93
741.5

DIREITOS AUTORAIS RESERVADOS.
É PROIBIDA A REPRODUÇÃO TOTAL OU PARCIAL, DE QUALQUER FORMA
OU POR QUALQUER MEIO, SALVO COM AUTORIZAÇÃO DA EDITORA.
(LEI Nº 9.610, DE 19 DE FEVEREIRO DE 1998)
TRADUÇÕES SOMENTE COM AUTORIZAÇÃO POR ESCRITO DA EDITORA.

PREFÁCIO

Para que todos pudessem usufruir da leitura de Violetas na Janela, produzimos, junto com uma equipe de profissionais da arte, o Violetinhas na Janela.

E aqui está, um livro lindo feito para você!

Do meu

Para o seu

Que o menino Jesus esteja sempre presente na sua vida.

Um abraço carinhoso de

Vera e Patrícia.

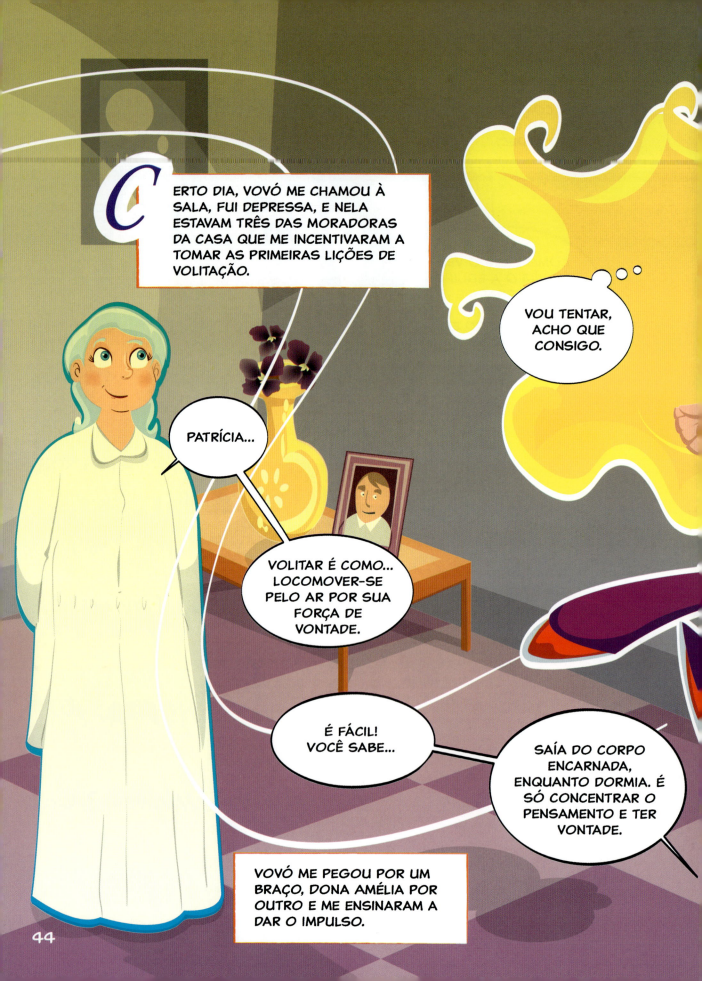

"A CONEXÃO ENTRE VOCÊS É BOA E FÁCIL."

"VOCÊ IRÁ NARRAR TUDO O QUE VÊ E APRENDE AQUI."

"POR QUE NÃO? CASO NUNCA TENHA ESCRITO, APRENDERÁ."

HA, HA, HA!

"VOU ESCREVER LIVROS?!"

HA, HA, HA!

"MAS, MAS..."

RI GOSTOSAMENTE, ANTÔNIO CARLOS RIU TAMBÉM.

DEPOIS NUNCA MAIS PENSEI NISSO. CONTINUEI COM AS MENSAGENS, ELAS NOS CONFORTAM.

APROXIMAVA-SE O NATAL, SABIA QUE MINHA FAMÍLIA SENTIA A MINHA FALTA, A SAUDADE DOÍA. ESTAVA PENSANDO NISSO, QUANDO MAURÍCIO ME VISITOU.

MAURÍCIO, SOU FELIZ. MAS OS MEUS FAMILIARES SOFREM DE SAUDADES. ISSO É JUSTO?

ÀS VEZES PENSO QUE NÃO DEVO SER TÃO FELIZ.

O QUE ELES DESEJAM PARA VOCÊ?

QUE EU SEJA FELIZ!